Los monstruos de los ríos

EL DORADO

MARYSA STORM

Traducción de Pablo de la Vega

BLACK RABBIT BOOKS

Bolt es una publicación de Black Rabbit Books
P.O. Box 227, Mankato, Minnesota, 56002
www.blackrabbitbooks.com

Alissa Thielges, editora; Rhea Magaro, diseñadora de los interiores e investigación fotográfica.

Información del catálogo de publicaciones de la Biblioteca del Congreso:
LCCN 2023043666.
ISBN 9781644666463 (library binding)
ISBN 9781644666623 (ebook)

Impreso en China

Image Credits

Alamy: Franco Banfí cover, Jose Luis Suerte 13 (t), 25, 32, Larry Larsen 9, Luke Massey 18, puzzle M 6–7, WaterFrame_fba 4–5, 20–21; MISSING: 8–9, 19 (bl); Shutterstock: AlexLMX 12, Aneta Jungerova 13 (bl), Couperfield 13 (br), Curioso. Photography 20 (river), Iurii Vlasenko 29 (br), Ivo Antonie de Rooij 20 (falls), Jarun Ontakrai 26 (inset), Jose Luis Stephens 26, McCarraher's Photo 0p 21 (trees), Olga Popova 22, OutdoorWorks 23, Patife 10–11, 31, Renato Zaar 3, Rudmer Zwerver 19 (bm), TR STOK 19 (br), Triple R Publishing House 1, 14–15, 16–17 (bkgd), 19 (br), 28–29

Contenido

CAPÍTULO 1

Bestias misteriosas

Debajo de la superficie del río Paraná, nada un pequeño sábalo. El cielo anuncia una tormenta. Fuertes vientos azotan el agua. El pequeño pez se distrae con el cambio en el clima. No nota al dorado que lo **acecha** detrás de un tronco.

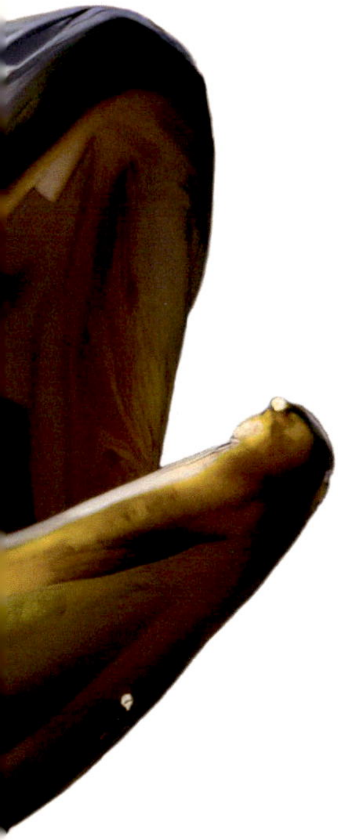

¡Al ataque!

El dorado ha estado esperando el momento perfecto para alimentarse. Ese momento acaba de llegar. En un instante, este **depredador** se lanza al ataque. Sus poderosas mandíbulas atrapan al pez. ¡Crac! Es hora de comer.

CAPÍTULO 2

Tamaño y fuerza

Los dorados son depredadores poderosos. Estos peces de río miden regularmente alrededor de 3 pies (0.9 metros) de largo, pero pueden llegar a ser mucho más grandes. Llegan a pesar hasta 66 libras (30 kilogramos). Las hembras suelen ser más grandes que los machos. Uno de los dorados más grandes jamás pescados pesaba lo mismo que un perro labrador.

0 5 10 15 20 25 30 35 40 45 50
libras
libras
PESO
25
LIBRAS
(11.3 kg)

LAS PARTES DE UN DORADO

ALETAS
ESCAMAS DE COLOR DORADO
COLA

Negro y dorado

Este pez obtiene su nombre de sus escamas doradas. A los lados suele estar salpicado de negro. Tiene una cola naranja. Algunas colas tienen una franja negra al centro. Estos peces tienen bocas grandes, mandíbulas poderosas y dientes pequeños y filosos.

Qué tan FUERTE es la mandíbula de un DORADO?

trampa con resorte

mandíbulas de pit bull

cortacadenas

CAPÍTULO 3

Hábitos de cacería

Su esperanza de vida es de alrededor de 15 años.

Los dorados son peces de agua dulce. Nadan, se alimentan y **desovan** en América del Sur. Es posible encontrarlos en Brasil, Paraguay, Uruguay, Bolivia y Argentina. **Migran** entre finales de octubre y enero para reproducirse.

DÓNDE VIVEN LOS DORADOS

AMÉRICA DEL SUR

BRASIL
BOLIVIA
PARAGUAY
URUGUAY
ARGENTINA

Principales depredadores

Los dorados adultos son depredadores alfa. Otros animales comen a animales jóvenes o heridos. Pero un dorado grande y saludable es difícil de atrapar. Los dorados comen principalmente a otros peces. También cazan lagartijas, ratones y aves pequeñas.

nutria gigante

Cadena alimenticia del dorado

Esta cadena alimenticia muestra qué comen los dorados.

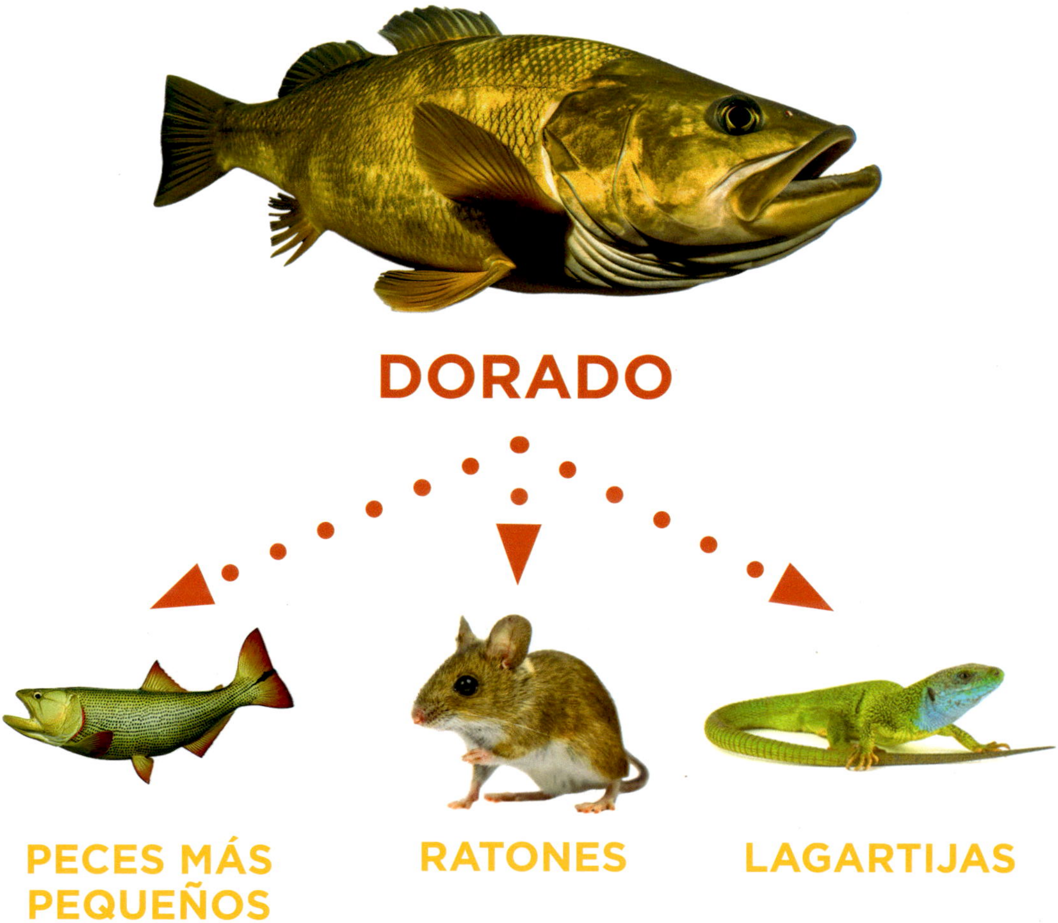

DÓNDE LES GUSTA CAZAR

Cerca de **cascadas.**

En las desembocaduras de **ríos** y **lagos.**

Bajo **árboles** caídos.

De cacería

En ocasiones, estos peces cazan y viajan en grupos. Cuando encuentran peces para comer, pueden desatar un **frenesí alimenticio**. Los dorados son cazadores pacientes. Usualmente esperan a que su **presa** se distraiga, para lanzar el ataque.

Los dorados hembra ponen mucho huevos. Pocos llegan a la edad adulta.

CAPÍTULO 4

Peligros y amenazas

El dorado es un pez difícil de atrapar. Cuando muerde el anzuelo, pelea fuertemente. Salta en el aire y tira con fuerza del sedal. Estas características lo convierten en un premio codiciado. Muchas personas viajan a América del Sur para pescarlo.

La mayoría de la gente que pesca dorados los libera. No se quedan con el pez después de haberlo pescado.

Estos peces pueden tener problemas de parásitos.

Aprendiendo más

Los dorados no están en peligro de extinción. Pero **obras de infraestructura** como las presas representan problemas. Estas estructuras pueden hacerles difícil migrar.

Afortunadamente, la gente trata de mantener seguros sus hábitats. También hay grupos que estudian a este pez. Aún queda mucho por aprender de esta creatura increíble.

Numeralia

2 millones

NÚMERO DE HUEVOS QUE PUEDE PONER UNA HEMBRA DE DORADO CADA VEZ

51
PULGADAS DE LONGITUD
(130 cm)

tamaño del dorado más grande jamás pescado

75
LIBRAS
(34 kg)

400 a 700

millas (644 a 1,127 kilómetros)

LA DISTANCIA QUE ALGUNOS DORADOS NADAN PARA DESOVAR

3 PIES
(0.9 m)

altura máxima de un salto suyo en el aire

68 A 82 GRADOS FAHRENHEIT
(20 a 28 grados centígrados)

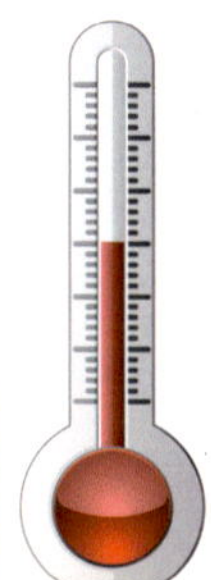

TEMPERATURA IDEAL DEL AGUA DONDE VIVEN

acechar: Esperar en secreto en un lugar para causar un daño.

depredador: Un animal que come otros animales.

desovar: Depositar una gran cantidad de huevos.

frenesí alimenticio: Un estado de actividad excesiva en la que los animales de un grupo tratan de comer algo al mismo tiempo.

migrar: Moverse de un lugar a otro.

obras de infraestructura: Construcciones y creación de servicios que garantizan el funcionamiento de un país.

parásito: Una planta o animal que vive dentro o encima de otra planta o animal y le causa daño.

presa: Un animal cazado o matado para ser comido.

ÍNDICE